Émile Verhaeren

Les Villes
tentaculaires

Au Poète HENRI DE REGNIER

la Plaine

La plaine est morne et ses chaumes et granges
Et ses fermes dont les pignons sont vermoulus,
La plaine est morne et lasse et ne se défend plus,
La plaine est morne et morte et la ville la mange.

Depuis des jours lointains elle s'en est allée,
Toute pauvre, sous les loques de ses moissons,
Au long de ses talus sans feuillaison,
Vers les passés dont on bâtit le mausolée.

Formidables et criminels,
Les bras des machines hyperboliques,
Fauchant les blés évangéliques,
Ont effrayé le vieux semeur mélancolique
Dont le geste semblait d'accord avec le ciel.

L'orde fumée et ses haillons de suie
Ont traversé le vent et l'ont sali :
Un soleil pauvre et avili
S'est comme usé en de la pluie.

Et maintenant, où s'étageaient les maisons claires
Et les vergers et les arbres allumés d'or,
On aperçoit, à l'infini, du sud au nord,
La noire immensité des usines rectangulaires.

Telle une bête énorme et taciturne
Qui bourdonne derrière un mur,
Le ronflement s'entend, rythmique et dur,
Des chaudières et des meules nocturnes ;
Le sol vibre, comme s'il fermentait ;
Le travail bout comme un forfait ;
L'égout charrie une fange velue
Vers la rivière qu'il pollue ;

Un supplice d'arbres écorchés vifs
Se tord, bras convulsifs,
En façade, sur le bois proche ;
L'ortie épuise au cœur sablons et oches
Et les fumiers, toujours plus hauts, de résidus :
Ciments huileux, plairas pourris, moellons fendus,
Au long de vieux fossés et de berges obscures
Lèvent, le soir, leurs monuments de pourritures.

Sous des hangars tonnants et lourds,
Les nuits, les jours,
Sans air et sans sommeil,
Des gens peinent loin du soleil :
Morceaux de vie en l'énorme engrenage,
Morceaux de chair fixée, ingénieusement,
Pièce par pièce, étage par étage,
De l'un à l'autre bout du vaste tournoiement.
Leurs yeux, ils sont les yeux de la machine,
Leurs dos se ploient sous elle et leurs échines,
Leurs doigts volontaires, qui se compliquent
De mille doigts précis et métalliques,
S'usent si fort en leur effort,
Sur la matière carnassière,
Qu'ils y laissent, à tout moment,
Des empreintes de rage et des gouttes de sang.

Dites ! l'ancien labeur pacifique, dans l'Août
Des seigles mûrs et des avoines rousses,
Avec les bras au clair, le front debout
Dans l'or des blés qui se retrousse
Vers l'horizon torride où le silence bout.

Dites ! le repos tiède et les midis élus,
Tressant de l'ombre pour les siestes,
Sous les branches, dont les vents prestes
Rythment, avec lenteur, les grands gestes feuillus.
Dites, la plaine entière ainsi qu'un jardin gras,
Toute folle d'oiseaux éparpillés dans la lumière,

Qui la chantent, avec leurs voix trémières,
Si près du ciel qu'on ne les entend pas.

Mais aujourd'hui, la plaine, elle est finie ;
La plaine est morne et ne se défend plus :
Le flux des ruines et leurs reflux
L'ont submergée, avec monotonie.

On ne rencontre, au loin, qu'enclos rapiécés
Et chemins noirs de houille et de scories
Et squelettes de métairies
Et trains coupant soudain des villages en deux.

Les Madones ont tu leurs voix d'oracle
Au coin du bois, parmi les arbres ;
Et les vieux saints et leur socle de marbre
Ont chu dans les fontaines à miracles.

Et tout est là, comme des cercueils vides
Et détraqués et dispersés par l'étendue,
Et tout se plaint ainsi que les défunts perdus
Qui sanglotent le soir dans la bruyère humide.

Hélas ! la plaine, hélas ! elle est finie !
Et ses clochers sont morts et ses moulins perclus.
La plaine, hélas ! elle a toussé son agonie
Dans les derniers hoquets d'un angélus.

l'Âme de la ville

Les toits semblent perdus
Et les clochers et les pignons fondus,
Par ces malins fuligineux et rouges,
Où, feux à feux, des signaux bougent.

Une courbe de viaduc énorme
Longe les quais mornes et uniformes ;
Un train s'ébranle immense et las.

Au loin, derrière un mur, là-bas,
Un steamer rauque avec un bruit de corne.

Et par les quais uniformes et mornes,
Et par les ponts et par les rues
Se bousculent, en leurs cohues,
Sur des écrans de brumes crues,
Des ombres et des ombres.

Un air de soufre et de naphte s'exhale,
Un soleil trouble et monstrueux s'étale ;
L'esprit soudainement s'effare
Vers l'impossible et le bigarre ;
Vivants ou morts, voit-il encor
Ce qui se meut en ces décors,
Où, devant lui, sur les places, s'élève
Le dressement tout en brouillards
D'un tombeau d'or ou d'un palais blafard
Pour il ne sait quel géant rêve ?

Ô les siècles et les siècles sur cette ville,
Grande de son passé
Sans cesse ardent – et traversé,
Comme à cette heure, de fantômes !
Ô les siècles et les siècles sur elle,
Avec leur vie infatigable et criminelle

Battant, depuis quels temps !
Chaque demeure et chaque pierre
De désirs fous et de colères carnassières !

Quelques huttes d'abord et quelques prêtres.
L'asile à tous, l'église et ses fenêtres
Laissant filtrer la lumière du dogme sûr
Et sa naïveté vers les cerveaux obscurs.
Donjons dentés, palais massifs, cloîtres barbares ;
Croix des papes dont le monde s'empare ;
Moines, abbés, barons, serfs et vilains ;
Mitres d'orfroi, casques d'argent, vestes de lin ;
Luttes d'instincts, loin des luttes de l'âme,
Entre voisins, pour l'orgueil vain d'une oriflamme ;
Haines de sceptre à sceptre et monarques faillis
Sur leur fausse monnaie ouvrant leurs fleurs de lys,
Taillant le bloc de leur justice à coups de glaive
Et la dressant et l'imposant : grossière et brève.

Puis, l'ébauche, lente à naître, de la cité :
Forces qu'on veut dans le droit seul planter ;
Ongles du peuple et mâchoires de rois ;
Mufles crispés dans l'ombre et souterrains abois
Vers on ne sait quel idéal au fond des nues ;
Tocsins brassant, le soir, des rages inconnues ;
Textes de délivrance et de salut, debout
Dans l'atmosphère énorme où la révolte bout ;
Livres dont les pages, soudain intelligibles,
Brûlent de vérité, comme jadis les Bibles ;
Hommes divins et clairs, tels des monuments d'or
D'où les évènements sortent armés et forts ;
Vouloirs nets et nouveaux, consciences nouvelles
Et l'espoir fou, dans toutes les cervelles,
Malgré les échafauds, malgré les incendies
Et les têtes en sang au bout des poings brandies.

Elle a mille ans la ville,
La ville âpre et profonde ;

Et sans cesse, malgré l'assaut des jours,
Et les peuples minant son orgueil lourd,
Elle résiste à l'usure du monde.
Quel océan, ses cœurs ! quel orage, ses nerfs !
Quels nœuds de volontés serrés en son mystère !
Victorieuse, elle absorbe la terre ;
Vaincue, elle est l'affre de l'univers :
Toujours, en son triomphe ou ses défaites,
Elle apparaît géante, et son cri sonne et son nom luit,
Et la clarté que fait sa face dans la nuit
Rayonne au loin, jusqu'aux planètes !

Ô les siècles et les siècles sur elle !

Son âme, en ces matins hagards,
Circule en chaque atome
De vapeur lourde et de voiles épars ;
Son âme énorme et vague, ainsi que de grands dômes
Qui s'estompent dans le brouillard ;
Son âme, errante, en chacune des ombres
Qui traversent ses quartiers sombres,
Avec une ardeur neuve au bout de leur pensée ;
Son âme formidable et convulsée :
Son âme, où le passé ébauche
Avec le présent net l'avenir encor gauche.

Ô ce monde de fièvre et d'inlassable essor
Rué, à poumons lourds et haletants,
Vers on ne sait quels buts inquiétants ?
Monde soumis pourtant à des lois d'or,
À des lois douces, qu'il ignore encore
Mais qu'il faut, un jour, qu'on exhume,
Une à une, du fond des brumes.
Monde aujourd'hui têtu, tragique et blême
Qui met sa vie et son âme dans l'effort même
Qu'il projette, le jour, la nuit,
À chaque heure, vers l'infini.

Ô les siècles et les siècles sur cette ville !

Le rêve ancien est mort et le nouveau se forge.
Il est fumant dans la pensée et la sueur
Des bras, fiers de travail, des fronts, fiers de lueurs,
Et la ville l'entend monter du fond des gorges
De ceux qui le portent en eux
Et le veulent crier et sangloter aux deux.

Et de partout on vient vers elle,
Les uns des bourgs et les autres des champs,
Depuis toujours, du fond des loins ;
Et les routes éternelles sont les témoins
De ces marches, à travers temps,
Qui se rythment comme le sang
Et s'avivent, continuelles.

Le rêve ! il est plus haut que les fumées
Qu'elle renvoie envenimées
Autour d'elle, vers l'horizon ;
Même dans la peur ou dans l'ennui,
Il est là-bas, qui domine, les nuits,
Pareil à ces buissons
D'étoiles d'or en des couronnes noires
Qui s'allument, le soir, évocatoires.

Et qu'importent les maux et les heures démentes,
Et les cuves de vice où la cité fermente,
Si quelque jour, du fond des brouillards et des voiles,
Surgit un nouveau Christ, en lumière sculpté,
Qui soulève vers lui l'humanité
Et la baptise au feu de nouvelles étoiles.

une Statue

On le croyait fondateur de la ville,
Venu de quels lointains ?
Très humble, avec sa pauvre crosse en main,
Et grand, sous sa bure servile.

Pour se faire écouter il parlait par miracles,
En des clairières d'or, la nuit, dans les forêts,
Où des granits carraient leurs symboles épais,
Et tonnaient leurs oracles.

Il était la tristesse et la douceur
Descendue autrefois, à genoux, du calvaire,
Vers les hommes et leur misère
Et vers leur cœur.

Il accueillait l'humanité fragile,
Il lui chantait le paradis sans fin
Et l'endormait dans le rêve divin,
Le front posé sur l'évangile.

Plus tard, le roi, le juge et le bourreau
Prirent son verbe et le faussèrent ;
Et les textes autoritaires
Apparurent, tels des glaives hors du fourreau.

Contre la paix qu'il avait inclinée
Vers tous, de son geste clément,
La vie, avec des cris et des sursauts déments,
Brusque et rouge, fut dégainée.

Mais lui resta le clair apôtre et le soleil
Tiédi, aux yeux de tous, de patience et d'indulgence
Et la pieuse et populaire intelligence
Venait puiser en lui la force et le conseil.

On l'invoquait pour les fièvres et pour les peines
On le fêtait en mai, au soir tombant,

Et des mères apportaient leurs enfants
Baigner leurs maux dans l'eau de sa fontaine.

Son nom large et sonore d'amour
Marquait la fin des longues litanies
Et des complaintes infinies
Que l'on chantait, depuis toujours.

Il se définissait, près d'un portail roman,
En une image usée et tremblotante,
Qui écoutait, dans la poitrine
Haletante des tours,
Les bourdons lourds clamer au firmament.

les Cathédrales

Au fond du cœur sacerdotal,
Sous un encadrement de cires qui se figent,
– Or, argent, diamant, cristal –
Lourds de siècles et de prestiges,
Pendant les vêpres, quand les soirs
Aux longues prières invitent,
Ils s'imposent les ostensoirs
Dont les fixes regards méditent.

Ils conservent, flammés de feu,
Pour l'universelle amnistie,
Le baiser blanc du dernier Dieu,
Tombé sur terre en une hostie.

Et l'église, comme un palais de joyaux noirs,
Dont les châsses d'argent et d'ombre
Taisent leurs cris de métaux sombres,
Par l'élan clair de ses colonnes exulte
Et dresse, en faisceaux d'arcs et en poussoirs,
Jusqu'aux faîtes, l'éternité du culte.

Sous un encadrement de grands cierges qui pleurent.
Par à travers les temps, les jours, les heures,
Brûlés de soir, les ostensoirs
Sont le seul cœur de la croyance
Qui luit encor, cristal et or,
Dans les villes de la démence.

Dehors, le bourdon sonne et sonne,
À grand battant tannant,
Les longs regrets, pareils aux râles
Vers le passé, des cathédrales.
Et les foules qui tiennent droits,
Pour refléter le ciel, les miroirs de leur foi,

Réunissent, à ces appels, leurs âmes,
Autour des ostensoirs en flammes.

Ô ces foules, ces foules,
Et la misère et la détresse qui les foulent,
Depuis toujours, comme des houles !
Voici les pauvres gens des noueuses ruelles,
Barrant de croix, avec leurs bras tendus,
L'ombre noire qui dort dans les chapelles.

– Ô ces foules, ces foules
Et la misère et la détresse qui les foulent !

Voici les corps usés, voici les cœurs fendus,
Voici les cœurs lamentables des veuves
En qui les larmes pleuvent,
Continûment, depuis des ans.

– Ô ces foules, ces foules
Et la misère et la détresse qui les foulent !

Voici les mousses et les marins du port
Dont les vagues monstrueuses brassent le sort.

– Ô ces foules, ces foules
Et la misère et la détresse qui les foulent !

Voici les travailleurs cassés de peine,
Aux six coups de marteaux des jours de la semaine

– Ô ces foules, ces foules
Et la misère et la détresse qui les foulent !

Voici les enfants las de leur sang morne
Et qui mendient et qui s'offrent au coin des bornes.

– Ô ces foules, ces foules
Et la misère et la détresse qui les foulent !

Voici les boutiquiers des quartiers vieux
Limant sur l'établi leur sort méticuleux.

11

– Ô ces foules, ces foules
Et la misère et la détresse qui les foulent !

Voici les marguilliers pacifiques et mous
Qui font craquer leur stalle en pliant les genoux.

– Ô ces foules, ces foules
Et la misère et la détresse qui les foulent !

Voici les armateurs dont les bateaux de fer,
Fortune au vent, tanguent parmi la mer.

– Ô ces foules, ces foules
Et la misère et la détresse qui les foulent !

Voici les grands bourgeois de droit divin
Qui bâtissent sur Dieu la maison de leur gain.

– Ô ces foules, ces foules
Et la misère et la détresse qui les foulent
Comme des houles !

Les ostensoirs, ornés de soir,
Vers les villes échafaudées,
En toits de verre et de cristal,
Du haut du chœur sacerdotal,
Tendent la croix des gothiques idées.

Ils s'imposent dans l'or des clairs dimanches
– Toussaint, Noël, Pâques et Pentecôtes blanches –
Ils s'imposent dans l'or et dans l'encens et dans la fête
Du grand orgue battant du vol de ses tempêtes
Les chapiteaux rouges et les voûtes vermeilles ;
Ils sont une âme, en du soleil,
Qui vit de vieux décor et d'antique mystère
Autoritaire.

Pourtant, dès que s'éteignent le cantique
Et l'antienne naïve et prismatique,
Un deuil d'encens évaporé s'empreint,

Sur les trépieds d'argent et les autels d'airain ;
Et les vitraux, grands de siècles agenouillés
Devant le Christ, avec leurs papes immobiles
Et leurs martyrs et leurs héros, semblent trembler
Au bruit d'un train lointain qui passe sur la ville.

une Statue

Au carrefour des abattoirs et des casernes,
Il apparaît, foudroyant et vermeil,
Le sabre en bel éclair sous le soleil.

Masque d'airain, casque et panaches d'or ;
Et l'horizon, là-bas, ou le combat se tord,
Devant ses yeux hallucinés de gloire !

Un élan fou, un bond brutal
Jette en avant son geste et son cheval
Vers la victoire.

Il est volant comme une flamme,
Ici, plus loin, au bout du monde,
Qui le redoute et qui l'acclame.

Il entraine, pour qu'en son rêve ils se confondent,
Dieu, son peuple, ses soldats ivres ;
Les astres mêmes semblent suivre,
Si bien, que ceux
Qui se liguent pour le maudire,
Restent béants : et son vertige emplit leurs yeux.

Il est de calcul froid mais de force soudaine :
Des fers de volonté barricadent le seuil
Infrangible de son orgueil

Il croit en lui – et qu'importe le reste !
Pleurs, cris, affres et noire et formidable fête,
Avec lesquels l'histoire est faite.

Il est la mort fastueuse et lyrique,
Montrée, ainsi qu'une conquête,
Au bout d'une existence en or et en tempête.

Il ne regrette rien de ce qu'il accomplit,
Sinon que les ans brefs aillent trop vite
Et que la terre immense soit petite.

Il est l'idole et le fléau :
Le vent qui souffle autour de son front clair
Toucha celui des Dieux armés d'éclairs.

Il sent qu'il passe en rouge orage et que sa destinée
Est de tomber en brusque écroulement,
Le jour que son étoile étrange et effrénée,
Cristal rouge, se cassera au firmament.

Au carrefour des abattoirs et des casernes,
Il apparaît, foudroyant et vermeil,
Le sabre en bel éclair dans le soleil.

le Port

Toute la mer va vers la ville !

Son port est innombrable et sinistre de croix,
Vergues transversales barrant les grands mâts droits.

Son port est pluvieux de suie à travers brumes,
Où le soleil comme un œil rouge et colossal larmoie.

Son port est ameuté de steamers noirs qui fument
Et mugissent, au fond du soir, sans qu'on les voie.

Son port est fourmillant et musculeux de bras
Perdus en un fouillis dédalien d'amarres.

Son port est concassé de chocs et de fracas
Et de marteaux tonnant dans l'air leurs tintamarres

Toute la mer va vers la ville !

Les flots qui voyagent comme les vents,
Les flots légers, les flots vivants,
Pour que la ville en feu l'absorbe et le respire
Lui rapportent le monde en des navires.
Les orients et les midis tanguent vers elle
Et les Nords blancs et la folie universelle
Et tous nombres dont le désir prévoit la somme
Et tout ce qui se crée en un front d'homme,
Là-bas, dans l'inconnu des loins talismaniques,
Tend vers elle, cingle vers elle et vers ses luttes
Elle est la ville en rut des humaines disputes,
Elle est la ville au clair des richesses uniques
Et les marins naïfs peignent ses caducées,
Sur leur peau rousse et crevassée,
À l'heure où l'ombre emplit les soirs océaniques.

Toute la mer va vers la ville !

Ô les Babels enfin réalisées !
Et les peuples fondus et la cité commune ;
Et les langues se dissolvant en une ;

Et la ville comme une main, les doigts ouverts,
Se refermant sur l'univers.

Dites, les docks bondés jusques au faîte !
Et la montagne, et le désert, et les forêts
Et leurs siècles captés comme en des rets ;
Dites, leurs blocs d'éternité : marbres et bois,
Que l'on achète,
Et que l'on vend au poids,
Et puis, dites ! les morts, les morts, les morts
Qu'il a fallu pour ces conquêtes.

Toute la mer va vers la ville !

La mer soudaine, ardente et libre,
Qui tient la terre en équilibre ;
La mer que domine la loi des multitudes ;
La mer où les courants tracent les certitudes ;
La mer et ses vagues coalisées,
Comme un désir multiple et fou,
Qui renversent des rocs depuis mille ans debout
Et retombent et s'effacent, égalisées ;
La mer dont chaque lame ébauche une tendresse
Ou voile une fureur, la mer plane ou sauvage

La mer qui inquiète et angoisse et oppresse
De l'ivresse de son image.

Toute la mer va vers la ville !

Son port est infini de quais plantés de feux,
Où manœuvrent de grands leviers silencieux.

Son port est hérissé de tours dont les murs sonnent
D'un bruit souterrain d'eau qui gonfle et ronfle en elles.

Son port est lourd de blocs taillés, où des gorgones
Dardent le faisceau noir des vipères mortelles.

Son port est fabuleux de carènes sculptées
Dont les ventres d'argent vers des seins d'or s'exaltent.

Son port est solennel de tempêtes domptées
En des havres d'airain de schiste et de basalte.

les Spectacles

Au fond d'un hall sonore et radiant,
Sous les ailes énormes
Et les plumes des brumes uniformes,
Parfois, le soir, on déballe les Orients.

Les tréteaux clairs luisent comme des armes ;
De gros soleils en strass s'allument en des coins ;
Des cymbaliers hagards entrechoquent leurs poings
Casseurs de cris et de vacarmes.
Le rideau s'ouvre : et bruit, clarté, fracas,
Splendeur, quand les danseurs et les danseuses roses
Apparaissent, mêlant et démêlant leurs poses,
En un taillis bougeant de gestes et de pas ;
Et que la salle, avec son lustre au centre,
Et ses velours lourds et replets
Et ses balcons en bourrelets
S'étale ainsi qu'un ventre.

Des bataillons de chair et de cuisses en marche
Grouillent, sous des pampres et sous des arches ;
Jambes, hanches, gorges, maillots, jupes, dentelles,
– Attelages de rut, où par couples blafards
Des seins bridés mais bondissants s'attèlent, –
Passent, crus de sueur ou bleus de fard ;
Des mains vaines s'ouvrent et se referment vite.
Sans but, sinon saisir l'invisible désir
En fuite ;
Une sauteuse, avec sa jambe au clair,
Raidit l'obscénité dans l'air ;
Une autre encor, les yeux noyés et les flancs fous,
Se crispe, ainsi qu'une bête qu'on foule,
Et la rampe l'éclaire et bout par en-dessous
Et toute la luxure de la foule.

Ô le blasphème en or criard, qui, là, se vocifère !
Ô la brûlure a cru sur la beauté de la matière !
Ô les atroces simulacres
De l'art blessé à mort que l'on massacre !
Ô le plaisir qui chante et qui trépigne
Dans la laideur tordue en tons et lignes ;
Ô le plaisir humain au rebours de la joie,
Alcool pour les regards, alcool pour les pensées,
Ô le pauvre plaisir qui exige des proies
Et mord des fleurs qui ont le goût de ses nausées !

Jadis, il marchait nu, héroïque et placide,
Les mains fraîches, le front lucide,
Le vent et le soleil dansaient dans ses cheveux ;
Toute la vie harmonique et divine
Se réchauffait dans sa poitrine ;
Il la respirait fruste et l'expirait plus belle ;
Il ignorait la loi qui l'eût dressé : rebelle ;
Et l'aube et les couchants et les sources naïves
Et le frôlement vert des branches attentives,
Par à travers sa chair donnaient à son âme profonde,
L'universel baiser qui fait s'aimer les mondes.

Mais aujourd'hui, sénile et débauché,
Il lèche et mord et mange son péché ;
Il cultive, dans un jardin d'anomalies,
Bibles, codes, textes, règles, qu'il multiplie
Pour les nier et les briser par des viols.
Et ses amours sont l'or. Et ses haines ? les vols
Vers la beauté toujours plus claire et plus certaine
Qui s'ouvre en fleurs d'astres au pré des nuits lointaines.
Et le voici au fond de palais monstrueux
Dont les vitraux dardent aux deux
L'inquiétude,
Et le voici, soudain, qui se transforme en multitude.

Avec mille regards contagieux,
Avec mille regards cherchant des milliers d'yeux.

Avec son âme éparse en mille âmes de braise,
Pour qu'elle arde plus fort de la flamme mauvaise,
Il s'enfle et se propage en des vices nouveaux.
Sa conscience change et son cerveau ;
Un nouvel être naît : homme, enfant, vieillard, femme,
Tordus en total noir, en somme infâme,
Dont chaque chiffre est un outrage inaugural
À tout ce qui fut simple et auroral.

Ô les hontes et les crimes des foules
Passant sur la ville comme des houles,
Et s'engouffrant en des loges de plâtre,
De haut en bas, autour des halls et des théâtres.

La scène brille, ainsi qu'un éventail.
Au fond, luisent des minarets d'émail
Et des maisons et des terrasses claires.
Sous les feux bleus des lampadaires,
En rythmes lents d'abord mais violents soudain,
Se cueillant des baisers et se frôlant les seins,
Se rencontrent les bayadères ;
Des négrillons, coiffés de plumes,
– Les dents blanches, couleur d'écume,
En leurs bouches, vulves ouvertes –
Bougent, tous les mêmes, d'après un branle inerte.
Un tambour bat, un son de cor s'entête,
Un fifre cru chatouille un refrain bête,
Et c'est enfin, pour la suprême apothéose,
Un assaut fou débordant sur les planches,
Un étagement d'or, de gorges et de hanches,
D'enlacements crispés et de terribles poses
Et de torses offerts et de robes fendues
Et de grappes de vice entre des fleurs pendues.

Et l'orchestre se meurt ou brusquement halète
Et monte et s'enfle et roule en aquilons ;
Des spasmes sourds sortent des violons ;
Des chiens lascifs semblent japper dans la tempête

Des bassons forts et des gros cuivres ;
Mille désirs naissent, gonflés, pesants, goulus,
On les dirait si lourds que tous n'en pouvant plus
Se prostituent en hâte et crient et se délivrent.

Et minuit sonne et la foule s'écoule
– Le hall fermé – parmi les trottoirs noirs ;
Et sous les lanternes qui pendent
Rouges, dans la brume, comme des viandes,
Ce sont les filles qui attendent.

les Promeneuses

Au long de promenoirs qui s'ouvrent sur la nuit
– Balcons de fleurs, rampes de flammes –
Des femmes en deuil de leur âme
Entrecroisent leurs pas sans bruit.

Une atmosphère éclatante et chimique
Étend ses effluves sur l'or
Myriadaire d'un décor panoramique.

Des clous de gaz pointent des diamants
Autour de coupoles illuminées ;
Des colonnes passionnées
Tordent de la douleur au firmament.

Sur les places, des buissons de flambeaux
Versent du soufre ou du mercure ;
Tel coin de monument qui se mire dans l'eau
Semble un torse qui bouge en une armure.

La ville est colossale et luit comme une mer,
Lointainement, de vagues électriques,
Et ses mille chemins de bars et de boutiques
Aboutissent, soudain, au promenoir d'éclair,
Où ces femmes – opale et nacre,
Salin nocturne et cheveux roux –
Avec en main des fleurs de macre,
À longs pas clairs, foulent des tapis mous.

Ce sont de très lentes marcheuses solennelles
Qui se croisent, sous les minuits inquiétants,
Et se savent – depuis quels temps ? –
Douloureuses et mutuelles.

Un soudain reflet d'incendie
Éclaire, au même instant, deux mains

Qui se serrent, deux mains mates, deux mains
Où le crime sur des bagues radie.

Sous les crêpes d'un très grand deuil,
Des yeux obstinés et hagards,
Dans un même destin ont rivé leurs regards,
Comme des clous dans un cercueil.

Telle bouche vers telle autre s'en est allée,
Comme deux fleurs se rencontrent sur l'eau,
Tel front semble un bandeau
Sur une pensée aveuglée.

Telle attitude est pareille toujours ;
Dans tels yeux nus rien ne tressaille,
Quoique le cœur, où le vice travaille,
Batte âprement ses tocsins sourds.

J'en sais dont les robes funèbres
Voilent de pâles souliers d'or
Et dont un serpent d'argent mord
Les longues tresses de ténèbres.

Des houx rouges de leur tourment
Elles ont fait des diadèmes ;
J'en vois : des veuves d'elles-mêmes
Qui se pleurent, comme un amant.

Quand leurs rêves, la nuit, s'esseulent
Et qu'elles tiennent dans la main
Une âme et un bonheur humain,
Elles savent ce qu'elles veulent.

Si leur peine devait finir un jour,
Elles en seraient plus tristes peut-être,
Qu'elles ne sont inconsolables d'être
Celles du souterrain amour.

Au long de promenoirs qui s'ouvrent sur la nuit,
De lentes femmes,

En deuil immense de leur âme,
Entrecroisent leurs pas sans bruit.

une Statue

Un bloc de bronze où son nom luit sur une plaque.

Ventre riche, mâchoire ardente et menton gourd ;
Haine et terreur murant son gros front lourd
Et poing taillé à fendre en deux toutes attaques.

Le carrefour, solennisé de palais froids,
D'où ses regards têtus et violents encor
Scrutent quels feux d'éveil bougent dans telle aurore,
Comme sa volonté, se carre en angles droits.

Il fut celui de l'heure et des hasards bigarres,
Mais textuel, sitôt qu'il tint la force en main
Et qu'il put étouffer dans hier le lendemain
Déjà sonore et plein de cassantes fanfares.

Sa colère fit loi durant ces jours bâtés,
Où toutes voix montaient vers ses panégyriques,
Où son rêve d'état strict et géométrique
Tranquillisait l'aboi plaintif des lâchetés.

Il se sentait la force étroite et qui déprime,
Tantôt sournois, tantôt cruel et contempteur,
Et quand il se dressait de toute sa hauteur
Il n'arrivait jamais qu'à la hauteur d'un crime.

Massif devant la vie, il l'obstrua, depuis
Qu'il s'imposa sauveur des rois et de lui-même
Et qu'il utilisa la peur et l'affre blême
En des complots fictifs qu'il étranglait, la nuit.

Si bien qu'il apparaît sur la place publique
Féroce et rancunier, autoritaire et fort,
Et défendant encor, d'un geste hyperbolique,
Son piédestal bâti comme son coffre-fort.

les Usines

Se regardant avec les yeux cassés de leurs fenêtres
Et se mirant dans l'eau de poix et de salpêtre
D'un canal droit, tirant sa barre à l'infini,
Face à face, le long des quais, à l'infini,
Par à travers les faubourgs lourds
Et la misère en guenilles de ces faubourgs,
Ronflent la nuit, le jour, les fours et les fabriques.

Rectangles de granit, cubes de briques,
Et leurs murs noirs durant des lieues,
Immensément, par les banlieues ;
Et sur leurs toits, dans le brouillard, aiguillonnées

De fers et de paratonnerres,
Les cheminées.
Et les hangars uniformes qui fument ;
Et les préaux, où des hommes, le torse au clair
Et les bras nus, brassent et ameutent d'éclairs
Et de tridents ardents, les poix et les bitumes ;
Et de la suie et du charbon et de la mort ;
Et des âmes et des corps que l'on tord
En des sous-sols plus sourds que des Avernes ;
Et des files, toujours les mêmes, de lanternes
Menant l'égout des abattoirs vers les casernes.

Se regardant de leurs yeux noirs et symétriques,
Par la banlieue, à l'infini,
Ronflent le jour, la nuit,
Les usines et les fabriques.

Oh les quartiers rouillés de pluie et leurs grand-rues !
Et les femmes et leurs guenilles apparues
Et les squares, où s'ouvre en des caries
De platras blanc et de scories,
Une flore pâle et pourrie.

Aux carrefours, porte ouverte, les bars :
Étains, cuivres, miroirs hagards,
Dressoirs d'ébène et flacons fols
D'où luit l'alcool
Et son éclair vers les trottoirs.
Et des pintes qui tout à coup rayonnent,
Sur le comptoir, en pyramides de couronnes ;
Et des gens soûls, debout,
Dont les larges langues lappent, sans phrases,
Les aies d'or et le whisky, couleur topaze.

Par à travers les faubourgs lourds,
Et la misère en pleurs de ces faubourgs,
Et les troubles et mornes voisinages,
Et les haines s'entrecroisant de gens à gens
Et de ménages à ménages,
Et le vol même entre indigents,
Grondent, au fond des cours, toujours,
Les haletants ronflements sourds
Des usines et des fabriques symétriques.

Ici : entre des murs de fer et pierre,
Soudainement se lève, altière,
La force en rut de la matière :
Des mâchoires d'acier mordent et fument ;
De grands marteaux monumentaux
Broient des blocs d'or, sur des enclumes,
Et, dans un coin, s'illuminent les fontes
En brasiers tors et effrénés qu'on dompte.

Là-bas : les doigts méticuleux des métiers prestes,
À bruits menus, à petits gestes,
Tissent des draps, avec des fils qui vibrent
Légers et fins comme des fibres.
Au long d'un hall de verre et fer,
Des bandes de cuir transversales
Courent de l'un à l'autre bout des salles
Et les volants larges et violents

Tournent, pareils aux ailes dans le vent
Des moulins fous, sous les rafales.
Un jour de cour avare et ras
Frôle, par à travers les carreaux gras
Et humides d'un soupirail,
Chaque travail.
Automatiques et minutieux,
Des ouvriers silencieux

Règlent le mouvement
D'universel tictacquement
Qui fermente de fièvre et de folie
Et déchiquette, avec ses dents d'entêtement,
La parole humaine abolie.

Plus loin : un vacarme tonnant de chocs
Monte de l'ombre et s'érige par blocs ;
Et, tout à coup, cassant l'élan des violences,
Des murs de bruit semblent tomber
Et se taire, dans une mare de silence,
Tandis que les appels exacerbés
Des sifflets crus et des signaux
Hurlent toujours vers les fanaux,
Dressant leurs feux sauvages,
En buissons d'or, vers les nuages.

Et tout autour, ainsi qu'une ceinture,
Là-bas, de nocturnes architectures,
Voici les docks, les ports, les ponts, les phares
Et les gares folles de tintamarres ;
Et plus lointains encor des toits d'autres usines
Et des cuves et des forges et des cuisines
Formidables de naphte et de résines
Dont les meutes de feu et de lueurs grandies
Mordent parfois le ciel, à coups d'abois et d'incendies

Au long du vieux canal à l'infini,
Par à travers l'immensité de la misère

Des chemins noirs et des routes de pierre,
Les nuits, les jours, toujours,
Ronflent les continus battements sourds,
Dans les faubourgs,
Des fabriques et des usines symétriques.

L'aube s'essuie
À leurs carrés de suie ;
Midi et son soleil, hagard
Comme un aveugle, errent par leurs brouillards ;
Seul, quand les semaines, au soir,
Laissent leur nuit dans les ténèbres choir,
Le han du colossal effort cesse, en arrêt,
Comme un marteau sur une enclume,
Et l'ombre, au loin, sur la ville, paraît
De la brume d'or qui s'allume.

la Bourse

La rue énorme et ses maisons quadrangulaires
Bordent la foule et l'endiguent de leur granit
Œillé de fenêtres et de porches, où luit
L'adieu, dans les carreaux, des soirs auréolaires.

Comme un torse de pierre et de métal debout,
Avec, en son mystère immonde,
Le cœur battant et haletant du monde,
Le monument de l'or, dans les ténèbres, bout

Autour de lui, les banques noires
Dressent de lourds frontons que soutiennent, des bras,
Les Hercules d'airain dont les gros muscles las
Semblent lever des coffres-forts vers la victoire.

Le carrefour, d'où il érige sa bataille,
Suce la fièvre et le tumulte
De chaque ardeur vers son aimant occulte ;
Le carrefour et ses squares et ses murailles
Et ses grappes de gaz sans nombre,
Qui font bouger des paquets d'ombre
Et de lueurs, sur les trottoirs.

Tant de rêves, flammés de roux,
Se bousculent, en leurs remous,
De haut en bas, du palais fou !
Le gain coupable et monstrueux
S'y resserre, comme des nœuds,
Et son désir têtu se dissémine,
Partant chauffer, de seuil à seuil,
Dans la ville, les contigus orgueils.
Les comptoirs lourds luttent et s'éliminent.
Les luxes gros se jalousent et s'exterminent
Et les faillites en tempêtes,

Soudainement, à coups brutaux,
Battent et chavirent les têtes
Des grands bourgeois monumentaux.

Le soir, à tel moment,
La fièvre encore augmente
Et pénètre le monument
Et dans les murs fermente.
On croit la voir se raviver aux lampes
Immobiles, comme des hampes,
Et se couler, de rampe en rampe,
Et s'ameuter et éclater
Et crépiter, sur les paliers
Et les marbres des escaliers.

Une fureur réenflammée
Au mirage d'un pâle espoir,
Monte parfois de l'entonnoir
De bruit et de fumée,
Où ion se bat, à coups de vols, en bas.
Langues sèches, regards aigus, gestes inverses,
Et cervelles, qu'en tourbillons les millions traversent,
Échangent là leur peur et leur terreur.
La hâte y simule l'audace
Et les audaces se dépassent ;
Des doigts grattent, sur des ardoises,
L'affolement de leurs angoisses ;

Cyniquement, tel escompte l'éclair
Qui casse un peuple au bout du monde ;
Les chimères sont volantes au clair ;
Les chances fuient ou surabondent ;
Marchés conclus, marchés rompus
Luttent et s'entrebutent en disputes ;
L'air brûle – et les chiffres paradoxaux,
En paquets pleins, en lourds trousseaux,
Sont rejetés et cahotés et ballotés
Et s'effarent en ces bagarres,

Jusqu'à ce que leurs sommes lasses,
Masses contre masses,
Se cassent.

Tels jours, quand les débâcles se décident
La mort les paraphe de suicides
Et les chutes s'effritent en ruines
Qui s'illuminent
En obsèques exaltatives.
Mais, le soir même, aux heures blêmes,
Les volontés, dans la fièvre, revivent ;
L'acharnement sournois
Reprend, comme autrefois.

On se trahit, on se sourit et l'on se mord
Et ion travaille à d'autres morts.
La haine ronfle, ainsi qu'une machine,
Autour de ceux qu'elle assassine.
On vole, avec autorité, les gens
Dont les avoirs sont indigents.
On mêle avec l'honneur l'escroquerie,
Pour amorcer jusqu'aux patries
Et ameuter vers l'or torride et infamant,
L'universel affolement.

Oh l'or ! là-bas, comme des tours dans les nuages,
Comme des tours, sur l'étagère des mirages,
L'or énorme ! comme des tours, là-bas,
Avec des millions de bras vers lui,
Et des gestes et des appels vers lui,
Et la prière unanime qui gronde,
De l'un à l'autre bout des horizons du monde.

Là-bas ! des cubes d'or sur des triangles d'or,
Et tout autour les fortunes célèbres
S'échafaudant sur des algèbres.

De l'or ! – boire et se souler d'or !
Et, plus féroce encor que la rage de l'or,

La foi au jeu mystérieux
Et ses hasards hagards et ténébreux
Et ses arbitraires vouloirs certains
Qui restaurent le vieux destin,
Le jeu, axe terrible, où tournera, autour de l'aventure,
Par seul plaisir d'anomalie,
Par seul besoin de rut et de folie,
Là-bas, où se croisent les lois d'effroi
Et les suprêmes désarrois,
Éperdument, la passion future.

Comme un torse de pierre et de métal debout,
Avec, en son mystère immonde,
Le cœur battant et haletant du monde,
Le monument de l'or dans les ténèbres bout.

le Bazar

C'est un bazar, au bout des faubourgs rouges :
Étalages bondés, éventaires ventrus,
Tumulte et cris brandis, gestes bourrus et crus,
Et lettres d'or, qui soudain bougent,
En torsades, sur la façade.

On y débite, en ce bazar,
Parmi les épices, les fards
Et les drogues omnipotentes,
Chaque matin, pour quelques sous,
Les diamants dissous
De la rosée immense et éclatante.

Le soir, à prix numéroté,
Avec le désir noir de trafiquer de la pureté,
On y brocante le soleil
Que toutes les vagues de la mer claire
Lavent, entre leurs doigts vermeils,
Aux horizons auréolaires.

C'est un bazar, avec des murs géants
Et des balcons et des sous-sols béants
Et des tympans montés sur des corniches
Et des drapeaux et des affiches,
Où deux clowns noirs plument un ange.

À travers boue, à travers fange,
Roulent, la nuit, vers le bazar,
Les chars, les camions et les fardiers,
Qui s'en reviennent des usines
Voisines
Des cimetières et des charniers,
Avec un tel poids noir de cargaisons,
Que le sol bouge et les maisons.

On met au clair, à certains jours,
En de vaines et frivoles boutiques,
Ce que l'humanité des temps antiques
Croyait divinement être l'amour ;
Aussi les Dieux et leur beauté
Et l'effrayant aspect de leur éternité
Et leurs yeux d'or et leurs mythes et leurs emblèmes
Et des livres qui les blasphèment.

Toutes ardeurs, tous souvenirs, toutes prières
Sont là, sur des étals, et s'empoussièrent.
Des mots qui renfermaient l'âme du monde
Et que les prêtres seuls disaient au nom de tous,
Sont charriés et ballotés, dans la faconde
Des camelots et des voyous.
L'immensité se serre en des armoires
Dérisoires et rayonne de plaies
Et le sens même de la gloire
Se définit par des monnaies.

Lettres jusques au ciel, lettres en or qui bouge,
C'est un bazar au bout des faubourgs rouges !

La foule et ses flots noirs
S'y bouscule près des comptoirs ;
La foule et ses désirs multipliés,
Par centaines et par milliers,
Y tourne et monte, au long des escaliers.
Et s'érige dense et sauvage,
En spirale, vers les étages.

Là-haut, c'est la pensée
Immortelle mais convulsée,
Avec ses triomphes et ses surprises,
Qu'à la hâte, on expertise.
Tous ceux dont les cerveaux
Voient si lointain, qu'ils voient nouveau,
Tous les chercheurs qui se fixent pour cible

Le front d'airain de l'impossible
Et le cassent, pour que les découvertes
S'en échappent, ailes ouvertes,
Sont là, gauches, fiévreux, distraits,
Dupes des gens qui les renient
Mais utilisent leur génie,
Et font argent de leurs secrets.

Oh ! les Edens, là-bas, au bout du monde,
Avec des arbres purs à leurs sommets,
Que ces voyants des lois profondes
Ont exploré pour à jamais,
Sans se douter qu'ils sont les Dieux.
Oh ! leur ardeur à recréer la vie,
Selon la foi qu'ils ont en eux
Et la douceur et la bonté de leurs grands yeux,
Quand revenus de l'inconnu
Vers les hommes, d'où ils s'érigent,
On leur vole ce qui leur reste aux mains
De vérité conquise et de destin.

C'est un bazar tout en vertiges
Que bat, continûment, la foule, avec ses houles
Et ses vagues d'argent et d'or ;
C'est un bazar tout en décors,
Avec des tours de feux et des lumières,
Si large et haut que, dans la nuit,
Il apparaît la bête éclatante de bruit
Qui monte épouvanter le silence stellaire.

l'Étal

Non loin du port, la nuit, lorsque l'essor
Des tours et des palais vertigineux s'affaisse
Dans l'ombre – et que brûlent des yeux de braise,
Le quartier fauve et noir allume encor
Son vieux décor de vice et d'or.

Des commères, blocs de viande tassée et lasse,
Interpellent ; du seuil de portes basses,
Les gens qui passent ;
Derrière elles, au fond des couloirs rouges
Des feux luisent, un rideau bouge
Et se soulève et permet d'entrevoir
De la chair nue et folle en des miroirs.

Le port est proche. À gauche, au bout des rues,
L'emmêlement des mâts et des vergues, obstrue
Un pan de ciel énorme ;
À droite, un tas grouillant de ruelles difformes
Choit de la ville – et les foules obscures
S'y dépêchent vers leurs destins de pourriture.

C'est l'étal flasque et monstrueux de la luxure
Dressé, depuis toujours, sur les frontières
De la cité et de la mer.

Là-bas, parmi les flots et les hasards,
Ceux qui veillent, mélancoliques, aux bancs de quart
Et les mousses, dans les agrès et les cordes pendues,
Et les marins hallucinés par les yeux bleus des étendues,
Tous en rêvent et l'évoquent, des soirs ;
Le cru désir les tord en effrénés vouloirs ;
Les baisers mous du vent sur leur torse circulent ;
La vague éveille en eux des images qui brûlent ;
Et leurs deux bras supplient et longuement se désespèrent
Et s'exaltent, tendus du côté de la terre.

Et ceux d'ici, ceux des bureaux et des bazars,
Chiffreurs têtus, marchands précis, scribes hagards,
Fronts assouplis, cerveaux loués et mains vendues,
Quand les clefs de la caisse au mur sont appendues,
Sentent le même rut mordre leur corps, des soirs ;
On les entend descendre en troupeaux noirs,
Comme des chiens chassés, du fond du crépuscule,
Et la débauche en eux si fortement bouscule
Leur avarice et leur prudence routinière
Qu'elle les use et les détraque et les ruine, avec colère.

C'est l'étal flasque et monstrueux de la luxure
Dressé, depuis toujours, sur les frontières
De la cité et de la mer.

Venus de quels lointains bénins ou fatidiques ?
Venus de quels comptoirs fiévreux ou méthodiques ?
Avec, en leurs yeux durs, la haine âpre et sournoise.
Avec, en leur instinct, la bataille et l'angoisse,
Autour de femelles rouges qui les affolent,
Ils s'assemblent et s'ameutent en rageuses paroles.

De gros lambris fougueux et des ornements crus
Luisent, au long des murs et, par bouquets, se dardent ;
Des satyres sautants et des Bacchus ventrus
Rient d'un rire immobile en des glaces blafardes ;
Des fleurs meurent. Sur des tables de jeu,
Les bols chauffent, tordant leur flamme en cheveux bleus
Un pot de fard s'encrasse, au coin d'une étagère ;
Une chatte bondit vers des mouches, légère ;
Un ivrogne sommeille étendu sur un banc,
Et des femmes viennent à lui et se penchant
Frôlent ses yeux fermés, avec leurs seins énormes.

Leurs compagnes, reins fatigués, croupes qui dorment,
Sur des fauteuils et des divans sont empilées,
La chair morne et vague d'avoir été foulée
Par les premiers passants de la vigne banale.

L'une d'elles coule en son bas un morceau d'or,
Une autre baîlle et s'étire, d'autres encor
– Flambeaux défunts, tyrses usés des bacchanales –
Sentant l'âge et la fin les flairer du museau,
Les yeux fixes, se caressent la peau,
D'une main lente et machinale.

C'est l'étal flasque et monstrueux de la luxure
Dressé, depuis toujours, sur les frontières
De la cité et de la mer.

D'après l'argent qui tinte dans les poches,
La promesse s'échange ou les reproches,
Un cynisme tranquille, une ardeur lasse
Préside à la tendresse ou la menace.
L'étreinte et les baisers ennuient. Souvent,
Lorsque les poings s'entrecognent, au vent
Des insultes et des jurons, toujours les mêmes,
Quelque gaieté s'essore et jaillit des blasphèmes,
Mais aussitôt retombe – et l'on entend,
Dans le silence inquiétant,
Un clocher proche et haletant
Sonner l'heure lourde et funèbre,
Sur la ville, dans les ténèbres.

Pourtant, à certains mois, quand les fêtes émargent
L'hiver, à la Noël, l'été, à la Saint Pierre,
Le vieux quartier de crasse et de lumière,
Monte vers le péché, avec un élan large.
Il fermente de chants hurlés et de tapages.

Fenêtre par fenêtre, étage par étage,
Ses façades dardent, de haut en bas,
Le vice – et, jusqu'au fond des galetas,
Brâme l'ardeur et s'accouplent les rages.
Dans la grand-salle, où les marins affluent,
Poussant au-devant d'eux quelque bouffon des rues
Qui se convulse en mimiques obscènes,

Les vins d'écume et d'or bondissent de leur gaine ;
Les hommes soûls, braillent comme des fous,
Les femmes se livrent – et, tout à coup,
Les ruts flambent, les bras se nouent, les corps se tordent,
On ne voit plus que des instincts qui s'entremordent,
Des seins offerts, des ventres pris – et l'incendie
Des yeux hagards en des buissons de chair brandie.

Et cela monte et s'affaisse pour remonter encore ;
Et cela roule, ainsi que des marées
Exaspérées,
Jusqu'au moment, où l'aube emplit le port
Et que la mort ardente aux renouveaux
Balaie et repousse vers les havres
Ce qui reste, sur le carreau,
De débauche tuée et de cadavres.

C'est l'étal flasque et monstrueux de la luxure,
Où le crime plante ses couteaux clairs,
Où la folie, à coups d'éclairs,
Fêle les fronts de meurtrissures,
C'est l'étal flasque et monstrueux,
Dressé, depuis toujours, sur les frontières
Tributaires de la cité et de la mer.

la Révolte

La rue, en un remous de pas,
De corps et d'épaules d'où sont tendus des bras
Sauvagement ramifiés vers la folie,
Semble passer volante – et s'affilie
À des haines, à des sanglots, à des espoirs :
La rue en or
La rue en rouge, au fond des soirs.

Toute la mort
En des beffrois tonnants se lève ;
Toute la mort, surgie en rêves,
Avec des feux et des épées
Et des têtes, à la tige des glaives,
Comme des fleurs atrocement coupées.

La toux des canons lourds,
Les lourds hoquets des canons sourds
Mesurent seuls les pleurs et les abois de l'heure.
Les cadrans blancs des carrefours obliques,
Comme des yeux en des paupières,
Sont défoncés à coups de pierre :
Le temps normal n'existant plus
Pour les cœurs fous et résolus
De ces foules hyperboliques.

La rage, elle a bondi de terre
Sur un monceau de pavés gris,
La rage au clair, avec des cris
Et du sang neuf en chaque artère,
Et pâle et haletante
Et si terriblement
Que son moment d'élan vaut à lui seul le temps
Que met un siècle en gravitant
Autour de ses cent ans d'attente.

42

Tout ce qui fut rêvé jadis,
Ce que les fronts les plus hardis
Vers l'avenir ont instauré ;
Ce que les âmes ont brandi,
Ce que les yeux ont imploré,
Ce que toute la sève humaine
Silencieuse a renfermé,
S'épanouit, aux mille bras armés
De ces foules, brassant leur houle avec leurs haines.

C'est la fête du sang qui se déploie,
À travers la terreur, en étendards de joie :
Des gens passent rouges et ivres,
Des gens passent sur des gens morts ;
Les soldats clairs, casqués de cuivre,
Ne sachant plus où sont les droits, où sont les torts,
Las d'obéir, chargent, mollassement,
Le peuple énorme et véhément
Qui veut enfin que sur sa tête
Luisent les ors sanglants et violents de la conquête.

– Tuer, pour rajeunir et pour créer !
Ainsi que la nature inassouvie
Mordre le but, éperdument,
À travers la folie horrible d'un moment :
Tuer ou s'immoler pour tordre de la vie ! –

Voici des ponts et des maisons qui brûlent,
En façades de sang, sur le fond noir du crépuscule ;
L'eau des canaux en réfléchit les fumantes splendeurs,
De haut en bas, jusqu'en ses profondeurs ;
D'énormes tours obliquement dorées
Barrent la ville au loin d'ombres démesurées ;
Les bras des feux, ouvrant leurs mains funèbres,
Éparpillent des tisons d'or par les ténèbres ;
Et les brasiers des toits sautent en bonds sauvages,
Hors d'eux-mêmes, jusqu'aux nuages.

On fusille par tas, là-bas.

La mort, avec des doigts précis et mécaniques,
Au tir rapide et sec des fusils lourds,
Abat, le long des murs du carrefour,
Des corps debout jetant des gestes tétaniques ;
Des rangs entiers tombent comme des barres.
Des silences de plomb pèsent dans les bagarres.
Des cadavres, dont les balles ont fait des loques,
Le torse à nu, montrent leurs chairs baroques ;
Et le reflet dansant des lanternes fantasques
Crispe en rire le cri dernier sur tous ces masques.

Et lourds, les bourdons noirs tanguent dans l'air :
Une bataille rauque et féroce de sons
S'en va pleurant l'angoisse aux horizons
Hagards comme la mer.
Tapant et haletant ; le tocsin bat,
Comme un cœur dans un combat,
Quand, tout à coup, pareille aux voix asphyxiées,
Telle cloche qui âprement tintait,
Dans sa tourelle incendiée,
Se tait.

Aux vieux palais publics, d'où les échevins d'or
Jadis domptaient la ville et refoulaient l'effort
Et la marée en rut des multitudes tortes,
On pénètre, cognant et martelant les portes ;
Les clefs sautent et les verrous ;
Des armoires de fer ouvrent leur trou,
Où s'alignent les lois et les harangues ;
Une torche les lèche, avec sa langue,
Et tout leur passé noir s'envole et s'éparpille,
Tandis que dans la cave et les greniers l'on pille
Et que l'on jette au loin, par les balcons hagards,
Des corps humains fauchant le vide avec leurs bras épars.

Mêmes fureurs dans les églises :
Les verrières, où des vierges se sont assises,
Jonchent le sol et s'émiettent comme du chaume ;

Le Christ, rivant aux murs sa mort et son fantôme,
Est lacéré et pend, comme un haillon de bois,
Au dernier clou qui perce encor sa croix ;
Le tabernacle, où sont les chrêmes,
Est enfoncé, à coups de poings et de blasphèmes ;
On soufflette les Saints près des autels debout
Et dans la grande nef de l'un à l'autre bout,
– Telle une neige – on dissémine les hosties
Pour qu'elles soient, sous des talons rageurs, anéanties.

Tous les joyaux du meurtre et des désastres,
Étincellent ainsi, sous l'œil des astres ;
La ville entière éclate
En pays d'or coiffé de flammes écarlates ;
La ville, au fond des soirs, vers les lointains houleux,
Tend sa propre couronne énormément en feu ;
Toute la nuit et toute la folie
Brassent la vie, avec leur lie,
Si fort, que par instants le sol semble trembler.

Et l'espace brûler
Et les râles et les effrois s'écheveler et s'envoler
Et balayer les grands deux froids.

– Tuer, pour rajeunir et pour créer
Ou pour tomber et pour mourir, qu'importe !
Dompter, ou se casser le front contre la porte !
Et puis – que son printemps soit vert ou qu'il soit rouge
N'est-elle point dans le monde, toujours,
Haletante, par à travers les jours,
La puissance profonde et fatale qui bouge ! –

la Tête

La couronne, vieille de nuit et d'or,
Pesait, si lourdement, sur la tête de cire,
Qu'avec son poids de siècles morts,
Elle semblait broyer l'empire.

Le pâle émail des yeux usés
S'était fendu en agonies
Minuscules mais infinies,
Sous les sourcils tranquillisés.

La tête avait été d'éclair.
Avant que les pâles années
N'eussent rivé les destinées,
Sur ce bloc mort de morne chair.

Les crins encor étaient ardents,
Mais la colossale mâchoire
Mi-ouverte, laissait la gloire
Tomber morte d'entre les dents.

Depuis des temps qu'on ne sait pas,
La couronne, violemment cruelle,
De sa poussée indiscontinuelle
Ployait le front toujours plus las.

Les astuces, les perfidies
Louchaient, en ses joyaux taillés,
Et les meurtres, les sangs, les incendies
Semblaient reluire entre ses ors caillés.

Sur sa propre tête qu'elle écrasait,
Sous les passés épouvantables,
L'âme des races redoutables
Dardait ainsi ses vieux forfaits,
Selon la loi d'inflexibilité

D'une force qui se détruit soi-même,
Avec colère et cruauté,
Et s'embaume dans un emblème.

Couronne et tête étaient placées,
Couronne ardente et tête héréditaire,
En un logis de verre,
Au fond d'un hall, dans un musée.
L'œuvre s'accomplissait définitive ;
Un vieux gardien, vêtu de noir,
Veillait, obstinément, sans voir
Que cette mort se consommait impérative
Et présidait à la puissance accrue
De la foule brassant sa vie et ses rumeurs
Et ses clameurs et ses fureurs au fond des rues.

une Statue

Avec, devant les yeux, l'astre qu'était son âme
Par des chemins de rocs incandescents de flamme,
Il s'en était allé si loin vers l'inconnu
Que son siècle vieux et chenu,
Toussant la mort au vent trop fort de sa pensée,
L'avait férocement enseveli sous la risée.

Il était oublié, depuis des tas d'années
Vers l'avenir échelonnées,
Lorsqu'un matin, la ville éclata d'or
Et de fête pour son apothéose
Et le grandit en une pose
De volonté, debout sur un piédestal d'or.

On inscrivit sur le granit, en marge,
L'exil subi, la faim, l'affre et la prison,
Et l'on tressa, comme une floraison,
Son crime ancien, autour de son front large.

On lui prit sa pensée et l'on en fit des lois ;
On lui prit sa folie et l'on en fit de l'ordre ;
Et ses railleurs d'antan ne savaient plus où mordre
Le battant de tocsin qui sautait dans sa voix.

Son image d'airain sacra le carrefour,
D'où l'on voyait briller, agrandi de mystère,
Son front suprême et clair et large et comme austère
Dans le tumulte et la rage des jours.

la Mort

Avec ses larges corbillards
Ornés de plumes majuscules,
Par les matins et les brouillards,
La Mort circule.

Parée en noir et opulente,
Tambours voilés, musiques lentes,
Avec ses larges corbillards,
Ornés de pâles lampadaires,
La Mort s'étale et s'exagère.

Sous les porches illuminés,
Pareils aux nocturnes trésors,
Les gros cercueils écussonnés
– Larmes d'argent et blasons d'or –

Attendent l'heure éclatante des glas
Que les cloches cassent, là-bas ;
L'heure qui tombe avec des bonds
Et des sanglots, sur les maisons,
L'heure qui meurt sur les demeures
Avec des bonds et des sanglots de plomb.

Parée en noir et opulente,
Au cri des orgues violentes
Qui la célèbrent,
La Mort toute en ténèbres
Règne, comme une idole assise,
Sous la coupole des églises.

Des feux tordus comme des hydres,
Buissonnent clairs, autour du catafalque immense,
Où des anges, tenant des faulx et des clepsydres,
Dressent leur véhémence,
Clairons dardés, vers le néant.

Le vide en est grandi sous le transept béant ;
De pâles voix d'enfants
À l'infini crient l'agonie,
Par à travers ces ironies,
Tandis que les hautes murailles
Montent, comme des linceuls blancs,
Autour du bloc formidable et branlant
De ces coupables funérailles.

Drapée en noir et familière,
La Mort s'en va le long des rues
Longues et linéaires.

Drapée en noir, comme le soir,
La vieille Mort agressive et bourrue
S'en va, par les quartiers
Des boutiques et des métiers,
En carrosse qui se rehausse
De gros lambris exorbitants
Couleur d'usure et d'ancien temps.

Drapée en noir, la Mort
Cassant, entre ses mains, le sort
Des gens méticuleux et réfléchis
Qui s'exténuent, en leurs logis,
Vainement, à faire fortune ;
La Mort soudaine et importune
Les met en ordre dans leurs bières
Comme des fardes régulières.

Et les cloches sonnent péniblement
Un malheureux enterrement,
Sur le défunt, que l'on trimballe,
Par les églises colossales,
Vers un coin d'ombre, où quelques cierges,
Pauvres flammes, brûlent, devant la Vierge.

Vêtue en noir et besogneuse,
La Mort gagne jusqu'aux faubourgs,

En charriot branlant et lourd,
Avec de vieilles haridelles
Qu'elle flagelle
Chaque matin, vers quels destins ?

Vêtue en noir,
La Mort enjambe le trottoir
Et l'égout pâle, où se mirent les bornes,
Une à une, qui vont là-bas, vers les champs mornes.
Et leste et droite et dédaigneuse
Gagne les escaliers et s'arrête sur les paliers

Où l'on entend pleurer et sangloter,
Derrière leur porte entrouverte,
Des gens laissant l'espoir tomber inerte.

Et dans la pluie indéfinie,
Une petite église de banlieue,
Très maigrement, tinte un adieu,
Sur la bière de sapin blanc
Qui se rapproche, avec des gens dolents,
Par les routes, silencieusement.

Telle la Mort journalière et logique
Qui fait son œuvre et la marque de croix
Et d'adieux mornes et de voix
Criant vers l'inconnu leurs espoirs liturgiques.

Mais d'autres fois, c'est la Mort grande et sa légende,
Avec son aile au loin ramante,
Vers les villes de l'épouvante.

Un ciel en fusion plombe la terre moite ;
Des tours noires s'étirent droites
Telles des bras, dans la terreur des crépuscules ;
Les nuits tombent comme épaissies,
Les nuits lourdes, les nuits moisies,
Où, dans l'air gras et la chaleur rancie,
Tombereaux pleins, la Mort circule.

Ample et géante comme l'ombre,
Du haut en bas des maisons sombres,
On l'écoute glisser muette et haletante.
La peur du jour qui vient, la peur de toute attente,
La peur de tout instant qui se décoche
Persécutent les cœurs, partout,
Et redressent, soudain, en leur sueur, debout,
Ceux qui, vers les minuits, songent au matin proche.

Les hôpitaux gonflés de maladies,
Avec les yeux fiévreux de leurs fenêtres rouges,
Fixent le ciel nocturne, où rien ne bouge
Ni ne répond aux détresses brandies.

Les égouts roulent des poisons
Dont les acides et les chlores,
Couleur de nacre et de phosphore,
Vainement tuent les floraisons.

De gros bourdons résonnent
Pour tout le monde, pour personne ;
Les églises ont clos leur seuil,
Devant la masse des cercueils.

Comme des bateaux noirs que repousse le havre,
La pourriture, elle est, là-bas,
Numérotée en tas.
Et la prière même a peur de ces cadavres.

Et l'on entend, en galops éperdus,
Les morts passer et les foules que l'on transporte
Aux nécropoles, dont les portes,
Ni nuit ni jour, ne ferment plus.

Tragique et noire et légendaire,
Les pieds gluants, les gestes fous,
La Mort balaie en un grand trou,
La ville entière au cimetière.

la Recherche

Chambres claires, tours et laboratoires,
Avec, sur leurs frises, les sphinx évocatoires
Et, vers le ciel, braqués, les télescopes d'or.

Blocs de lumière éclatés en trésors,
Cristaux monumentaux et minéraux jaspés,
Glaives de soleil vierge, en des prismes trempés,
Creusets ardents, godets rouges, flammes fertiles,
Où se transmuent les poussières subtiles ;
Instruments nets et délicats,
Ainsi que des insectes,
Ressorts furtifs et balances correctes,
Cônes, segments, angles, carrés, compas,
Sont là, vivant et respirant dans l'atmosphère
De lutte et de conquête autour de la matière.

C'est la maison de la science au loin dardée,
Obstinément, par à travers les faits et les idées,
Vers l'infini et ses mystères
Et ses silences réfractaires.

Dites ! quels temps usés et quels milliers d'années,
Et quelle angoisse ou quel espoir des destinées,
Et quels cerveaux chargés de lassitude
A-t-il fallu pour étayer un peu de certitude ?

Dites ! l'erreur plombant les fronts ; les bagnes
De la croyance où le savoir marchait au pas ;
Dites ! les premiers cris, là-haut, sur la montagne,
Tués par les bruits sourds de la foule d'en bas.

Dites ! les feux et les bûchers ; dites ! les claies ;
Les regards fous en des visages d'effroi blanc ;
Dites ! les corps martyrisés, dites ! les plaies
Criant la vérité, avec leur bouche en sang.

C'est la maison de la science au loin dardée,
Obstinément, par à travers les faits et les idées.

Avec des yeux
Méticuleux ou monstrueux,
On y surprend les croissances ou les désastres
S'échelonner, depuis l'atome jusqu'à l'astre.
La vie y est fouillée, immense et solidaire,
En sa surface ou ses replis miraculeux,
Comme la mer et ses gouffres houleux,
Par le soleil et ses mains d'or myriadaires.

Chacun travaille, avec avidité,
Méthodiquement lent, dans un effort d'ensemble ;
Chacun dénoue un nœud, en la complexité
Des problèmes qu'on y rassemble ;
Et tous scrutent et regardent et prouvent,
Tous ont raison – mais c'est un seul qui trouve !

Ah celui-là, dites ! de quels lointains de fête,
Il vient, plein de clarté et plein de jour,
Dites ! avec quelle flamme au cœur et quel amour
Et quel espoir illuminant sa tête,
Dites ! comme à l'avance et que de fois
Il a senti vibrer et fermenter son être
Du même rythme que la loi
Qu'il définit et fait connaître.

Comme il est simple et clair devant les choses
Et humble et attentif, lorsque la nuit
Glisse le mot énigmatique en lui
Et descelle ses lèvres closes ;
Et comme en s'écoutant, brusquement, il atteint,
Dans la forêt toujours plus fourmillante et verte,
La blanche et nue et vierge découverte
Et la promulgue au monde ainsi que le destin.

Et quand d'autres, autant et plus que lui,
Auront à leur lumière incendié la terre

Et fait crier l'airain des portes du mystère,
Après combien de jours, combien de nuits,
Combien de cris poussés vers le néant de tout,
Combien de vœux défunts, de volontés à bout
Et d'océans mauvais qui rejettent les sondes –
Viendra l'instant, où tant d'efforts savants et ingénus,
Tant de génie et de cerveaux tendus vers l'inconnu,
Quand même, auront bâti sur des bases profondes
Et jaillissant au ciel, la synthèse des mondes !

C'est la maison de la science au loin dardée,
Vers l'unité de toutes les idées.

les Idées

Sur la Ville, dont les affres flamboient,
Règnent, sans qu'on les voie,
Mais évidentes, les idées.

On les rêve parmi les brumes, accoudées
En des lointains, là-haut, près du soleil.

Aubes rouges, midis fumeux, couchants vermeils,
Dans le tumulte violent des heures
Elles demeurent ;
Et leur âme, par au-delà du temps et de l'espace,
S'éternise, devant les flux et les reflux qui passent.

Et la première, c'est la force
Épanouie ou souterraine,
Multipliée en poings, en bras, en torses,
Ou tout à coup sereine,
Dans un cerveau suprême et foudroyant.
Par à travers l'or effrayant,
Les cris, la chair, le sang, la lie,
Elle apparaît : celle qui tend ou qui délie
L'énorme effort humain bandé vers la folie.

Depuis que se mangent ou se fécondent
À chaque instant qui naît, qui meurt, les mondes,
L'atome est vibrant d'elle ;
Elle est l'ardeur de la conquête universelle.
Indifférente au bien, au mal, mais haletante
En chaque assaut dont les cités sont fermentantes,
Elle érige la gloire en beau geste dans l'air,
Ou bien allume, à coups d'éclairs,
Par la nuit sourde où rien ne bouge,
Le crime immense avec la mort à son poing rouge.

Et voici la justice et la pitié, jumelles ;
Mères au double cœur dont les claires mamelles

Versent le jour clément et se penchent vers tous.
Ceux d'aujourd'hui les affichent deux ennemies
Luttant avec des cris et des antinomies,
Au nom de Christ, le maître abominable ou doux,
Selon celui qui interprète ses paroles.
La loi qui est déesse, on la proclame idole
Et les codes sont des meutes qu'on dresse à mordre
Et la peur règne – mais l'ordre,
Qui doit s'ouvrir comme une grande fleur
Libre et vive, malgré ses milliers de pétales,
Dont nul n'a comprimé l'ardeur,
Puisera l'équité dans la bonté totale.

Oh ! l'avenir montré tel qu'un pays de flamme,
Comme il est frais devant les âmes,
Qui malgré l'heure, ont confiance en leur vouloir.
Tant de siècles ne détiennent l'espoir,
Depuis mille et mille ans, indestructible,
Sans que tous les désirs ligués, frappant la cible,
Ne tuent un jour la haine et n'instaurent l'amour.
La conscience humaine est sculptée en contours
Puissants et délicats que, sans cesse, elle affine,
Pour transmuer sa vie en facultés divines

Et créer son bonheur et s'affirmer : un Dieu,
Le futur éclatant est un oiseau de feu,
Dont les plumes, une par une,
Se détachant de l'aile et retombant vers nous,
Frôlent de calme et de douceur nos regards fous.

Et plus haute que n'est la force et la justice,
Par au-delà du vrai, du faux, de l'équité,
Plus loin que l'innocence ou que le vice,
Souveraine, luit la beauté.
Touffue et claire,
Méduse ténébreuse et Minerve solaire,
Fondant le double mythe en unique splendeur,
Elle épouvante de grandeur.

57

Sublime, elle a pour prêtres les génies
Qui communient
De la lumière de ses yeux ;
Les temps sont datés d'elle et marchent glorieux,
Selon que son vouloir les prend pour ostiaires ;
Son poing crispé saisit les mille éclairs contraires
Et les assemble et les pénètre et les unit,
Pour tordre et pour forger d'un coup tout l'infini.

La rose Égypte et la Grèce dorée
Jadis, aux temps des Dieux, l'ont instaurée
En des temples d'où s'envolait l'oracle ;
Et Paris et Florence ont rêvé le miracle
D'être, à leur tour, l'autel où ses pieds clairs,
Vibrants d'ailes, se poseraient sur l'univers.
Aujourd'hui même, elle apparaît dans les fumées
Les yeux offerts, les mains encor fermées,
Le corps exalté d'or et de soleil.
Un Jeu nouveau d'entre ses doigts vermeils
Glisse et provoque aux conquêtes certaines,
Mais les marteaux brutaux des tapages modernes
Cassent un bruit si fort, sous les deux ternes,
Que son appel vers ses fervents s'entend à peine.

Et néanmoins elle est la totale harmonie
Qui se transforme et se restaure à l'infini,
Par à travers les mille efforts que l'on croit vains.
Elle est la clef du cycle humain,
Elle suggère à tous l'existence parfaite,
La simple joie et l'effort éperdu,
Vers les temps clairs, baignés de fête
Et sonores, là-bas, d'un large accord inentendu.

Quiconque espère en elle est au-delà de l'heure
Qui frappe aux cadrans noirs de sa demeure ;
Et tandis que la foule abat, dans la douleur,
Ces pauvres bras tendus vers la splendeur,
Parfois, déjà, dans le mirage ou quelqu'âme s'isole.
La beauté passe – et dit les futures paroles.

Sur la Ville, d'où les affres flamboient
Règnent, sans qu'on les voie,
Mais évidentes, les idées.